annäherung

gedichte von hans-curt flemming

2.11.75

gläsernes

wenn
mir ein stück
der größe zerschlagen wird
die ich von mir fordere
fühle ich mich
nach dem ersten schmerz
manchmal ein bißchen
freier
und merke
daß ich da
irgendwo
weit unter dem zerschlagenen
sein muß
und daß ich mich freuen würde
mich selbst
mal wiederzusehen -
gelegentlich
höre ich mich
von weitem.

17.11.75

unbehagen

heute spät abends als ich
durch den boden meines
leeren glases
in die lampe sah
zog sich mein magen
zusammen
über den tag
der vergangen war
und darüber
wie wenig ich gelernt habe
zu handeln
nicht nur
zu denken.

25.11.75

fluchtversuch

ich öffne die augen und
sehe zuviel und
sage mir:
die ruhe trügt
die dich noch wohnen läßt
in deiner schönen wohnung
und essen
daß du satt wirst
ohne schüsse zu hören
und schreie

schnell
schließe ich die augen wieder
vor angst
aber die ruhe
kommt nicht zurück
und ich spüre daß ich
nie wieder
sagen kann:

ich habe nichts gewußt.

26.11.75

staatstrauer

einige
aufrechte antifaschisten
aus der SPD
waren überrascht & empört
über die trauerbeflaggung
angeordnet von der bundesregierung
zum tode des faschisten franco

mit recht
wies die regierung darauf hin
daß es sich um einen akt
internationaler höflichkeit handle
einen konsequenten akt:
wenn man die militärischen stützpunkte
beansprucht
und den schutz der investitionen
und viele freundschaftliche
wirtschaftsbeziehungen bestehen
ist es nur logisch
daß der tod dessen
der das möglich machte
und garantierte
betrauert wird von denen
die den nutzen davon hatten

und die
sind bei uns
die regierung.

26.12.75

weihnachten

die hölle
die man sich bereiten kann
zu zweit
wird um grade heißer
am fest der liebe
an dem wir
aufeinander losgelassen
mit uns allein
einander die augen
auskratzen

wie kann es das geben
das wir beide
nicht wollten und trotzdem tun
gegen unsern willen und
gegen uns selbst
immer wieder
mit diesem lodernden
haß?

sind das wirklich
wir selbst
die da
aufeinander einschlagen
mit aller kraft
frage ich mich wenn
ich uns
aus der ferne betrachte:

sind wir daran
wirklich
selber schuld und
muß es so bleiben
und wem nützt dieser haß
mit dem wir

uns
verfolgen?

6.1.76

für sandra

ein gedicht
will ich für dich machen
du kleine
liebe lustige kluge
freche ängstliche freundliche
entspannte genießende schöne
die mein leben mehr
verändert hat
als alles was vorher
war

bevor es dich gab
du plagegeist
aus pias prallem bauch
kannte ich nicht die
frühen morgenstunden und die
zerstückelten nächte
und das wachsende gewicht
auf meinem arm
mit der kleinen rauhen lauten stimme
und die grenzen
meiner geduld

ich kannte nicht
mich selber / meine gefühle
meine liebe nicht
und nicht die angst
es könnte dich
nicht mehr geben

ich habe versucht
dir alle liebe zu geben
die ich hatte und alle
sicherheit und vertrauen

das kann dir
niemand mehr
nehmen.

10.2.76 (für heinrich)

die untersuchungsarbeit

genossen:
manchmal solltet ihr atem holen
eine pause machen zwischen den
einschätzungen / vorschlägen / aktionen
und euch ein bißchen umsehen -

die avantgarde ist sehr allein
wenn sie sich zu weit entfernt hat
von den massen und nicht weiß
ob sie ihnen überhaupt
voraus ist

und dann wird sie
nutzlos verloren schädlich
dabei brauchen wir euch doch!
ihr solltet wieder
mehr fragen
nicht nur
antworten.

16.4.76

gedicht für mich

bei dem versuch ein gedicht
für mich zu schreiben
(um mir
etwas gutes zu tun)
stoße ich auf widerstand
steine / brocken / wände
verstellen mir den weg
überhaupt nur heranzukommen
an mich:
ich habe wohl
sehr viel angst vor mir

vielleicht fürchte ich auch
einfach nichts zu finden
dahinter – wenn ich angekommen bin
oder einen leichnam oder schlimmeres
so wenig
kenne ich mich selber
und da soll ich
mich lieben?

7.6.76

kriegerdenkmal

auf dem denkmal
für die gefallenen und vermißten
der weltkriege
haben die kameraden
platz gelassen
für weitere
eintragungen

am sockel
das plakat gegen den krieg
läßt sich nicht
ganz
entfernen.

4.7.76

sommer

manche frauen
tragen dünne hemdchen
manche sogar mit
streifen wie
höhenlinien
und wenn sie gehen
gibt es
schwingungen

schön ist das
ich versuche
unauffällig hinzusehen.

„übergangs – zustand"

2.8.76

zehnkampf

100 m pferdetragen
kunstschmusen
50 m ringeln
1000 m bärengang
lautschreien
200 m streicheln
100 m^2 rumlungern
betthupfen
dauerduschen

aug. 76

liebesgedicht

du
wie ein knistern
ein selbst ein
streicheln
eine kraft eine
weichheit:
du
wie ein wispern
meiner möglichkeiten und
deiner
ein versprechen und
seine einlösung
eine ruhe um
uns zu entdecken:
du
hast mir kraft gegeben
und von mir
bekommen
hast mir mut gemacht
und bist mutig geworden
hast mich geliebt und
dich:
du bist eine
wirklichkeit.

9.8.76 (für p.)

anfang (eine hoffnung)

allmählich
langsam vorsichtig ängstlich
kriechen wir aus den
dicken panzern
die wir uns gegenseitig umgelegt haben
- was haben wir uns angetan! -
ungeschützt
ist unsere haut: empfindlich
gegen frische luft und etwas licht
und ein streicheln
ungewohnt

die einsamkeit im panzer
die uns ausbrechen ließ
hält uns davon ab
wieder zurückzukriechen
aber auch schon
ein kribbeln vielleicht
oder eine direkte berührung
und vorsichtig machen wir
neue erfahrungen mit
uns
wir beginnen
unsere körper zu bewohnen
nicht nur unsere
panzer.

25.8.76

angesichts der ruinen

unter dem eigenen gewicht
sind die mauern
zusammengebrochen:

das schützende dach und die
zellen mit den
vergitterten fenstern sind
fort zertrümmert
und wir frieren

was wir durch die
engen fenster manchmal
sehen riechen fühlen hören
konnten
liegt jetzt vor uns

unter den trümmern noch
begraben manches kleinod
von früher das wir nicht
vergessen sollten im schutt
und manches beginnt zu wachsen

blumen unkraut
hier und da körner -
wir müssen
geduld haben bei der ernte
des völlig neuen

groß sind die trümmerhaufen
meterhoch der schutt
und wir streiten noch wer den einsturz
verursacht hat
dabei werden wir alle kraft
brauchen um am leben zu bleiben

unter den trümmern
sind doch wir.

9.11.76

zustandsbericht I

den häuchen
dem wispern raunen brüllen
zwischen den menschen
fühle ich mich nun stärker ausgesetzt
empfindungen sind eingebrochen
in zwerchfellgegend und schultergürtel

der staub
wird in offene augen geblasen.

27.11.76

verlustmeldung

aus liebe haben wir
uns fast
umgebracht - gegenseitig
erdrücken wir uns und tun
dinge die wir
nie tun wollten
und das im namen
der liebe

aber die ist uns
schon lang abhandengekommen
vielleicht
war sie auch noch
garnicht da
und wir haben nur ein
versehen gelebt

dabei haben wir doch
fast noch
garnicht gelebt!

und fühlen uns wie
kinder die alt werden
spinnen uns ein in
unsere verstrickungen

verloren haben wir
unsern willen und das
gehör auf unser gefühl
in der schlacht schon
indem wir sie begonnen haben

wir werden müde

gibt es mich
denn
noch?

29.11.76

wieder

meine haut
hat die deine gleich
wiedererkannt
als mein kopf
noch nach dir suchte

nun sind wir
wieder zusammen
es ist so viel geschehen
seitdem - aber:

meine haut
hat die deine gleich
wiedererkannt.

21.12.76

ein neues jahr und kristina

du
ich könnte hüpfen
kalt und heiß duschen / einen purzelbaum
schlagen auf dem dach
wenn es flach genug ist

du
wir können hüpfen
kalt und heiß duschen / purzelbäume
schlagen im bett
wenn es groß genug ist

wir
haben noch etwas vor uns
zusammen
eine möglichkeit - mir
kräuselt sich der geist
vor wonne

ich freue mich
so
auf dich!

4.1.77

zustandsbericht II

ich habe
neue räume gefunden in mir
und alte, lang schon
vergessene. ich betrete sie
voller erstaunen und doch
nicht überrascht

ich laufe darin herum
rede laut mit mir selbst
und fange an
sie auszufüllen - manchmal
gestatte ich mir
einen hüpfer oder einen
kleinen gesang einen tanz
und frage mich
wieso ich meine enge
so lang
hingenommen habe

entschlossen
nehme ich besitz
von mir
selbst.

9.1.77

diese schlimmen tage

als ich mich
von dir getrennt hatte
da kam
mit den platten
den büchern und den
paar möbeln
auch meine
angst
zu mir zurück und
mein gefühl der schwäche

sechs jahre lang
war ich mutig gewesen
und stark bis ich dabei
eingestürzt
bin: so hohl und dünn
hat mich das gemacht

und jetzt
habe ich es nur
mit mir selbst zu tun
und jetzt
brauche ich wirklich
mut und stärke
aus mir

mühsam
suche ich die stücke
von mir zusammen und
baue mich auf
klein und haltbar.

....MÜHSAM
SUCHE ICH MIR
DIE STÜCKE VON
MIR ZUSAMMEN
UND BAUE
MICH AUF
KLEIN UND
HALTBAR
20.2.78

10.1.77

schnee

vor ein paar tagen
lag schnee
auf der straße / unberührt
noch.
ich ging hinaus
und schrieb
„ich“
in die weiße fläche.

18.1.77

im bett

kalt und klamm
fühlt sich das laken an
gestärkt von meiner
ehemaligen schwiegermutter
die sich das alles
anders vorgestellt hat (ich auch)

arbeit überwuchert
das schöne einzugsgefühl
und mischt sich in das
auszugsgefühl
zu einer zähen masse
darunter: ich

luftlöcher schaffe ich mir
langsam und beharrlich
und fühle mich:
ich bin am leben und
wachse

nicht einmal dieses laken
kann mich daran
hindern.

28.2.77

Kulinarisches

Alte Häuser sehe ich in meinem Wohnviertel
mit Erkern:
Dunkles Braun der Fensterrahmen
abgesetzt gegen helles Braun der Mauern
und manchmal sogar noch
ein bißchen Fachwerk und die
Sonne scheint darauf.

Ein Blumenladen mit großen Fenstern
und die Andeutung eines Geruchs
nach Möglichkeiten und daneben
ein Bäcker mit frischen Berlinern
und ein Garten mit Unkraut und
anderen Blumen.

Ein Weg führt in den nahen Wald
ich fahre mit dem Fahrrad
bis zu einem kleinen Teich
und setze mich in die Sonne
die mich zögernd wärmt im Februar
und Kinder fangen tote Frösche
in einem Netz aus einem alten Hemd.

Freunde besuchen mich und heften kleine Zettel
unter die Klingel wenn sie mich nicht
angetroffen haben und bedauern das.
Sie sagen, daß sie wieder
kommen werden.

Ich geh in unsere Wohnung
und heize den Ofen ein mit Kohlen noch
und habe ein bißchen Zeit für mich
wie selten.

28.2.77

zustandsbericht III

ich fühle mich
noch
wenn ich nach mir
suche

aus stücken wieder
zusammengesetzt - noch nicht
verkittet: es gibt noch
fugen
und starke bewegung
läßt mich klirren vor angst
auseinanderzufallen

ich habe aber deutlich gespürt
wie die
wintersonne
versucht hat mich zu
wärmen.

14.3.77

nach deinem besuch

die tasse
aus der du getrunken hast
ist abgewaschen
und dein besteck
liegt wieder in der
schublade.

die wohnung sieht aus
als wärst du nicht
hier gewesen aber
ich spüre dich
überall.

18.3.77

abendgefühl

ich lese gedichte
von charlotte von den bäumen
höre musik
ich bin
voll von
gedichten und musik
und ein
bißchen besoffen.

ich fülle mich aus.

24.3.77

metamorphose

ich habe manchmal das gefühl
als sähe ich alles
zum erstenmal:
die häuser in meiner straße
die blühenden bäume, plakate an der
gartenmauer
die gesichter von menschen

da kommt es mir vor
als stehe ich neben mir
selber
und sehe mir
beim sehen zu.

27.3.77

fest bei chaco („pleased to meet you“)

dreh die stones lauter
und mach endlich
das licht aus / jag
den hausbesitzer zum teufel
wenn er sich beschwert
und stör mich nicht:

ich löse mich
gerade
auf
in musik.

13.4.77

liebesgedicht

morgens aufwachen
und du bist da
deine warme haut
spüren mit meiner
und dich streicheln:

die pläne für einen
ganzen vormittag
lösen sich auf.

20.4.77

april

wir liegen in der sonne
werfen wörter
hin und her - lachen darüber
eines fällt in den bach
und macht keine welle

das gras riecht
nach dem sommer
der jetzt kommt
die büsche sind noch braun
hier in der gegend

du liegst neben mir
und blinzelst
deine haare in zöpfen reichen
bis zu mir
ameisen steigen in deine handtasche
ich sehe ihnen dabei zu

ganz still.

19.5.77

ich stoße einen stein
den abhang hinunter
und sehe ihm beim rollen
zu - ständig warte ich darauf
daß er liegenbleibt
aber solange ich ihn
sehen kann
wird er schneller

mit einem großen sprung
verschwindet er im
grün.

16.6.77

angst und hoffnung
(für sandra)

es geht um dich
du kleine mutige ängstliche
um dein leben
wir haben es in der hand
und wenden es hin und her

was tun wir damit?

was wirst du fühlen können?
wirst du dich lieben können?
wirst du zu dir stehen können?
töten wir dich?

wirst du einmal
verstehen können was jetzt
geschehen ist und wirst du
daraus dich verstehen können?

sieh genau hin
wir wir gelebt haben
in unserer höhlen-hölle
zusammen und doch
gegeneinander
kämpfend in tiefgegrabnen
schützengräben -
zwischen den linien:
du

kennst du das
dem du entronnen sein
könntest?

ein kind ist ein mensch
ein kind ist
ein kind

21.7.77

widerspruch

du bist
empfindlicher geworden
wo du nichts spüren dürftest

dein panzer ist
aus glas
wo du nichts sehen dürftest

du hast hände
wo du zangen bräuchtest
um zu bleiben
wie du warst

dein panzer ist dünn
schneidend scharf seine ränder

sobald du dich bewegst
wirst du bluten

wie lange
wirst du stillhalten können?

25.7.77

supermarkt

zärtlichkeit
6 x 12,5 g in PVC eingeschweißt
liebe pulverisiert
in der vakuumverpackung
tiefgefrorene anerkennung
(muß klappern wenn man sie schüttelt)
und old scotch whiskey
im sonderangebot
und das drahtgeflecht
des korbwagens ist ein
vergittertes fenster
dahinter: ich
manchmal habe ich lust
das alles zusammenzuschlagen
durch den lautsprecher
mit einfühlsamer stimme dazu
aufzurufen
die waren aus den regalen zu reißen
darauf herumzutrampeln und
die kühltruhen kochen zu lassen

an der kasse erkenne ich
daß ich wieder
zu viel eingekauft habe
ich nehme sie
einfach mit.

7.8.77

tränen

ich bin so
voller tränen
die ich mich nie
weinen ließ:
wie ich es gelernt hatte

manchmal weine ich jetzt
einfach so
wenn ich mich danach fühle
doch ich habe
angst
in all diesen tränen
zu ertrinken

ich habe noch tränen
für hundert jahre
in mir.

7.9.77

abendspaziergang

ich gehe am wasser entlang
um mich wieder zu finden
es ist eine warme nacht
ich suche die wellen ab
die wie kleine schuppen
entlanggleiten und die lichter spiegeln
ich horche auf das geräusch
mit dem das wasser die steine umspült
und werde ruhiger aber
ich bleibe traurig

ich mache mir mut
und rieche den warmen atem der bäume
über dem fluß

mir ist
als könnte der erste regentropfen
mich fortspülen.

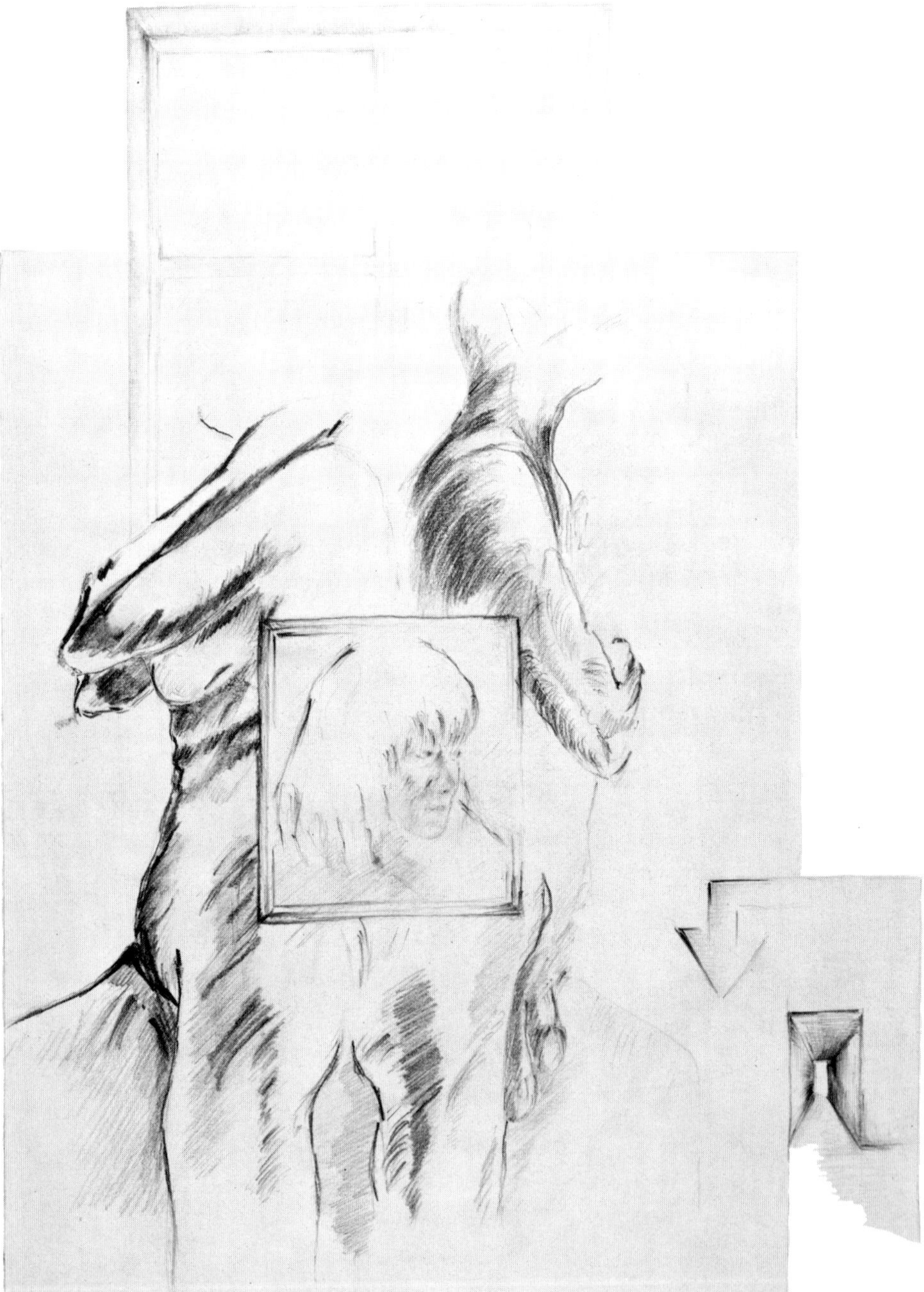

25.9.77

der brandherd

es gibt
so viele gründe
alles beim alten
zu lassen
und nur einen einzigen
doch endlich etwas
zu verändern:

du hältst es
einfach
nicht mehr aus.

2.10.77

versuch

es geht nicht mehr darum
ob ich dich liebe
oder nicht

es geht darum
wie ich
ich
bleiben kann
obwohl ich dich liebe.

5.10.77

schluckbeschwerden

bekannte
besucht:

familie -
zwei kinder
eine frau
die keine wünsche hat
wenn sie gefragt wird
was sie sich zum
geburtstag wünscht

ein mann
der seine frau schätzchen nennt
ruhender pol im gewimmel und gewimmer
der alles weiß alles kann
alles erdrückt

wohnzimmerkinderzimmerschlafzimmer -
eßzimmerküchediele
schwiegermuttermuttertanteschwagerschwägerin -
undderchef
besuchebekanntenettefamilienmitkindern
passaufdassdudichnichtsodreckigmachst!

es gibt tee und schwäbischen
pflaumenkuchen vorzüglich

danach trinke ich noch
einen sehr großen whisky
um den kloß im hals fortzuspülen

der kloß in meinem hals
ist nichts andres als ein muskel
der sich unwillkürlich betätigt hat
und mich am schlucken
hindert.

8.10.77

im pfirsichgarten

wir machen uns eine höhle
aus schlafsäcken
dort ist es warm und feucht
und in dir
ist es noch wärmer und feuchter
du öffnest dich und
ich komme zu dir
unsere körper werden
so naß
daß ihre berührung ein
einziger kuß ist
der von den schenkeln
bis zum mund
nichts
ausläßt.

8.10.77

anläßlich

und wenn es nur
meine
gefühle sind

die ich in diesen gedichten
so genau wie möglich
zu beschreiben

versuche

reicht mir das aus
sie aufzuschreiben

ich stehe auf
und sage:
das bin ich.

9.10.77

feuerwerk

wenn ich als kind
ein feuerwerk sah
mußte ich bei jeder
explodierenden rakete denken
es sei die letzte

jede neue rakete
hat das ende ein stück
hinausgeschoben
die angst verlängernd

da hab ich mir manchmal
die ohren zugehalten und
die augen fest verschlossen
aber die angst
hab ich so
in mir nur eingesperrt.

9.10.77

überraschende entdeckung

I.
ich habe mir viel mehr mühe gegeben
meine eltern
anstatt mich
zu verstehen

fast hätte ich
nicht mein leben
sondern ihres
gelebt.

II.
lang habe ich gebraucht
um zu erkennen
dass sie in mir
immer noch ihr unwesen treiben:

in winkeln und ritzen
halten sie sich fest
mit erhobenen zeigefingern und
diesem vorwurfsvolltraurigen gesicht
wenn ich tue was
ich
will - und in meine entscheidungen
fließt unbemerkt
immer noch ihr urteil ein

ich werde nicht eher
ich
sein können
bevor ich sie in diesen vielen
winkeln und ritzen
aufgespürt und
endlich daraus
vertrieben habe.

16.10.77

nachruf

meine eltern sagen
sie wollen sich nicht
mehr ändern
sondern ihre ruhe haben.

16.10.77

für eine kurze zeit

an manchen dieser
warmen duftenden herbsttage
ist es möglich
die sonne ganz aufzusaugen
durch die blätter
zu laufen
die auf dem weg liegen
mit ihren vielen farben
und sie in die luft
zu werfen:

für eine kurze zeit
fliegen sie wirklich.

17.10.77

mehrere verfassungsfragen

in welcher verfassung
befindet sich dieser staat
wenn er seine eigene verfassung
immer weiter einschränkt
im namen dieser verfassung?

was ist so eine verfassung
überhaupt wert?

(die schützer der verfassung
versuchen
uns zu fassen zu bekommen
die ihnen beim abfassen
der verfassung
einige zugeständnisse abringen konnten)

in welcher verfassung
befinden WIR uns?

17.10.77

abwasserbiologischer kurs

über der fliege
ein magen-darm-gesicht
anzug durch die krawatte
vom gesicht abgeteilt
grau - ton in ton
feine scharfe streifen
brillen scharf geschliffen
haare scharf geschnitten
mundwinkel scharf von
der konkurrenz
aber auch
ältere herren seriöse gesichter
(was die wohl im dritten reich waren?)
und glänzende glatzen / kann ja
keiner was dafür
jungdynamische bräune und
männerbegrüßungen
bäuche voller spesen und
angst und spesen

die rede geht von
herzattacken und der bundeswehrhochschule
rechts von mir wird
BILD gelesen und links von mir
studiert einer das angebot
der münchner hostessen

adressen im notizbuch
sind mit bleistift eingetragen

direkt vor mir ist einer
eingeschlafen: es gibt also noch
menschliche reaktionen
zum glück werde ich
geflissentlich übersehen.

17.10.77

drei kleine fragen an die wissenschaft

wieso ist das gähnen
so ansteckend?

schlafen die ameisen
auch manchmal?

wieso sind manche menschen
so kitzlig?

(ich zum beispiel)

begrüßung im kernkraftwerk grundremmingen

erstens tritt keine radioaktivität
aus dem reaktorgefäß aus
zweitens wird die austretende radioaktivität
ständig gemessen
drittens ist sie unschädlich
viertens sind andere gifte
viel schlimmer
fünftens gehen wir von
äußerst konservativen grundannahmen
bei der auslegung von kernkraftwerken aus
(das heißt: die bedingungen werden so schlimm angenommen daß das kernkraftwerk gerade noch gebaut werden kann)
sechstens ist die wahrscheinlichkeit
einem verkehrsunfall zu erliegen
doch viel größer
siebtens brauchen wir eben
diese energie

zur zeit
meine damen und herren
ist das kernkraftwerk
wegen eines störfalles abgeschaltet.

(authentisches aus dem einführungsvortrag anläßlich
der besichtigung des kkw grundremmingen
am 20.10.77)

(für elke) 21.10.77

abfahrt 18.02

in bahnhöfen
auf bahnsteigen angesichts
des wartenden zuges
weiß ich selten noch etwas zu sagen -
mit der tickenden zeit
im genick
klaube ich letzte worte
von der zunge
und reiße aus
nach kurzem abschied.

23.10.77

rückblickende betrachtung

die höhen sind
höher geworden
und die tiefen
tiefer
ich kann mehr sehen
und weniger
übersehen
die unruhe der
bewegungslosigkeit
ist der unruhe der bewegung
gewichen
ich habe viele fehler gemacht
und viel gelernt

ich stehe noch
so weit am anfang - wo
war ich nur
vorher?

24.10.77

dialektik von kristina

immer wieder
treffen mich rückschläge
die mich auf den boden werfen
der mich trug

ich betrachte ihn aus dieser nähe:
die form der steine die mich
stolpern ließen
und die beschaffenheit des sumpfes
der mich
einzusaugen versucht
ich bestaune die list
mit der die fallstricke
gespannt wurden
und bin den fallenstellern
auf der spur

langsam
stehe ich
wieder auf.

25.10.77

herbststürme

der wind hat die
blätter mit den vielen farben
auf den gehweg geblasen
zu bunten häufen

ein arbeiter kommt entlang
und mit einer knatternden maschine
bläst er die blätter
auf den rasen
zurück.

26.10.77

auf der spur

was treibt mich
in die küche
aufzuräumen wenn es schön war
mit uns und eigentlich noch
viel länger schön sein könnte
in unserm bett?

wieso bekomme ich
dieses gefühl versäumter pflichten
wenn ich mich einmal
richtig glücklich fühle?

wer macht mir dieses
schlechte gewissen
wenn ich einmal tue
was ich mir schon
lang gewünscht habe?

seltsamerweise
scheine ich mir oft selbst
am meisten im weg
zu stehen
(wer ist das
der mir da im weg steht und
wie kann er da
stehen bleiben?)

ich frage mich manchmal
ob ich liebe
überhaupt aushalten kann.

27.10.77

vorschule

nimm dich zusammen!
heul nicht!
komm ja pünktlich heim!
räum endlich auf!
es wird gegessen, was auf den tisch kommt!
halt den mund wenn ich rede!
benimm dich, junge!
man kann nicht alles haben!
jetzt ist schluß!

glaubst du denn, du bist allein auf der welt?
wo bist du gewesen?
was glaubst du eigentlich?
willst du nicht gehorchen?

das geht genauso schwer
aus mir heraus
wie sie es
hineingebracht haben
sie hatten ihre mühe mit mir
jetzt habe ich meine mühe
mit ihnen

daß ich mir
diese mühe mache
macht ihnen angst
und mir
mut.

31.10.77

für christoph

gegen dich
möchte ich ebensowenig gern
gewinnen
wie verlieren

mit dir
läßt sich etwas
aufbauen
und etwas abbauen

manchmal habe ich auch eine
wut auf dich
aber es ist möglich
daß wir nach dem essen noch
vier stunden in der küche sitzen
und reden

mit dir
läßt sich leben.

1.11.77

für irmgard

daß du
auf meiner seite
kämpfst
und daß das
auch deine seite ist
das macht
daß ich mit dir
so
reden kann
und dich
hören

daß ich
auf deiner seite
kämpfe
und daß das
auch meine seite ist
das macht
daß du mit mir
so
reden kannst
und mich
hören

3.11.77

die nachricht

plötzlich muß ich weinen
mitten beim fahren
aber manchmal denke ich
gar nicht daran
es ist als ob ich
tief innen ausgehöhlt werde
ich funktioniere noch
aber schon treten risse auf

die nachricht
hat sich noch nicht ganz
herumgesprochen
in mir

aber sie frißt sich durch.

5.11.77

augenzeugenbericht

die bäume haben angefangen zu brennen
wie fackeln und sind umgefallen
auf die äcker und das korn brannte auf
großer fläche die straßen haben tiefe risse
bekommen wie einschnitte unbefahrbar
und unbegehbar die häuser unter denen
vielleicht noch welche liegen

wir sind auf den heißen schüttelnden
boden gestürzt
haben versucht uns in der erde festzukrallen
mit kurzen blutigen fingern und worten
die uns bekannt waren aber wir
sind einfach abgeschüttelt worden

vom himmel sind vögel gefallen
die sich noch nicht in sicherheit gebracht hatten
leben war nicht mehr zu entdecken
außer vielleicht in verborgenen
höhlen die wir nicht kannten

eine zeitlang konnte ich
als beobachter neben uns stehen aber
ein erdstoß hat den beobachter
spurlos verschwinden lassen und wir
waren allein ganz allein zusammen
aber sehr nah zusammen
und am leben

als die erde aufhörte sich zu schütteln
waren wir immer noch da
wartend auf den nächsten stoß
der uns nicht mehr überraschen würde

aber es ist nichts mehr beim alten:
wir werden uns jeden stein
suchen müssen und niemand kann uns dabei helfen
außer uns.

7.11.77

ausblick

wie eine braune
trockene knisternde leichte welle
kommt das laub
die steinerne treppe herunter
und ist in der kurve
vorläufig liegengeblieben
und sammelt sich

unschlüssig
wendet der wind einige blätter
und bringt ein leises
leben hinein

darunter
kommen die stufen hervor
und weisen auf die rundung
der mauer und das verschnörkelte
geländer hin

die sonne
versickert im laub
und bringt es
zum leuchten.

11.11.77

bericht über eine ratte

die assistentin
(gabi, ich kenn sie, sie ist freundlich)
nimmt die ratte schnell beim schwanz
und setzt sie in den glasbehälter dessen boden
mit feuchtem papier ausgelegt ist

neugierig schaut die weiße ratte
mit ihren roten augen nach oben und
versucht über den rand zu klettern
aber der ist mit einer platte aus preßpappe
verschlossen

systematisch sucht sie die glaswände
durch die sie nach außen sehen kann
nach einem ausgang ab
durch einen sprung nach oben könnte sie
vielleicht die platte fortstoßen aber
ihre bewegungen werden langsamer
und gabi gießt noch etwas äther zu

mit ihren weißen hinterbeinen
knickt die ratte ein
vorn versucht sie noch
sich aufzurichten in eine sinnlose höhe
sie hat noch nicht aufgegeben aber
auch vorn verschwindet ihre kraft und
sie legt sich hin zum sterben
die roten augen verändern sich nicht
und bald hört sie auf
zu atmen

das ganze hat nur eine
knappe minute gedauert und dient irgendwie
der krebsforschung aber das hätte die ratte
sowieso nicht interessiert und auch ich
hätte es fast vergessen.

12.11.77

für erhard

ich habe manchmal das gefühl
daß du die
traurigkeit
nicht ganz bis zum ende
durch gefühlt hast
denn sonst könntest du
sie nicht mehr aushalten und
vielleicht
würdest du
anstatt nach türen zu suchen
nach ausgängen und fenstern

mauern einreißen.

16.11.77

vergewisserung

die nassen reifen meines rades
zeichnen eine dunkle spur
auf die straße
schmal und genau
ich fahre eine kleine kurve
sehe mich um und verfolge wie
die spur sich teilt und
wieder vereinigt

ganz kurz
habe ich mich von
meinem vorhandensein
überzeugt.

16.11.77

ein alter und mehrere neue saurier

DINOSAURIER

schwefelsaurier
salzsaurier
essigsaurier
zitronensaurier
kieselsaurier

alle neuen saurier
sind bei uns in der
hängematte
eingefangen worden

sie sind noch
sehr klein.

17.11.77

heimatgedicht

dir
möchte ich lange schon
ein gedicht widmen
du autobahnteilstück
zwischen karlsruhe und freiburg
langweiligste aller strecken
die ich kenne
vollgeschrieben mit reifenspuren
die auf den acker weisen
schlimmes erwachen notieren
eingeschränkt von zerbeulten
leitplanken
arena der kämpfe zwischen
mercedes porsche bmw und
gs tuning
zerstochen von lichthupen

es ist viel von dir die rede
in den meldungen zur verkehrslage
du einschläfernde

auf dir ist mir nun schon
zweimal der motor verreckt!

25.11.77

in deinen augen

mein gesicht
spiegelt sich in deinen augen
und verschwindet in deinen pupillen
zu einem kreisförmigen
reflex

dann sehe ich wieder
deine augen.

1.12.77

ein winziger gruß

einen kleinen
klitzekleinen winzigen gruß
habe ich hinterlassen

so klein
daß er dir beim atmen
in die rechte (oder linke) bronchie
geraten könnte

und beim nächsten husten
fegt er dir wieder durch den hals
ohne daß du etwas merkst
außer:

daß du dann
grad an mich denken mußt
und lächeln.

3.12.77

unser garten

unser garten
ist eingefroren
die büsche sind verdorrt
der baum hat die blätter abgeworfen
die wiese ist mit reif
überzogen
die sträucher sind abgestorben

alles hält
ganz still um diese kälte
zu überstehen
und wartet ab

das leben
überwintert im verborgenen.

5.12.77

krankengeschichte

kopfschmerzen
bei jedem schritt:
mein körper
will mir etwas sagen
das ich nicht
hören will

da hilft
kein aspirin

6.12.77

näherungsweise

je näher ich
an mich herankomme
desto weniger
bleibt von mir übrig
wie bei einer zwiebel
ich habe angst
im hohlraum
den die letzte hülle umschließt
keinen keim
zu finden.

8.12.77

ein langer weg

gestern
als ich solch einen
zorn
hatte auf dich
habe ich zuerst
dich
gefragt / ob DU
einen zorn auf mich hast
bevor ich
von meiner eignen wut
sprechen konnte

so weit
bin ich von mir
noch entfernt.

12.12.77

beobachtung
beim verlassen des lokals

da sitzen zwei
neben ein ander
deren blicke sich erst
im unendlichen treffen
jung noch, schweigend
mit gesichtern
in die das normale elend
sprachloses grauen
eingefroren hat
an den händen
goldene verlobungsringe.

13.12.77

die gärten des meeres

tauchen
im salzwasser mit
geöffneten augen:

die versunkenen schlösser
ziehen vorbei
die goldbeladenen karavellen
in den korallen
seeanemonen und bunte fische
skelette konturen unter schlamm
strömungen

manchmal
werden die augen
blind vor schmerz
in der tiefe
ist es
dunkel.

15.12.77

post mortem

ich lauere
auf post
mein briefkasten ist riesig
um all die BRIEFE
PÄCKCHEN ZEITUNGEN TELEGRAMME
aufzusaugen
die ich mir wünsche
und von denen
nochsoviele
nicht genug sind

vielleicht hoffe ich
eines tages im briefkasten
mich selbst zu finden?

16.12.77

grundsätzliches

zeit zu haben
ist eine frage der entscheidung
was mir wichtig ist
das heißt:
was ich will

solange ich nicht weiß
was ich will
wissen es andere
für mich

so lange
habe ich nie zeit
für mich

was also
will ich?

17.12.77

abrüstung

meine tränen
können den panzer auflösen
der mich umgibt
und vor verletzungen
schützen soll

sie legen diese
schmerz empfindlichen
dünnen elastischen durchlässigen
und dennoch zähen häute
frei
die mich zusammenhalten
und abgrenzen.

22.12.77

bericht mit einschränkung

an den rändern
meiner existenz
gibt es uralte grenzsteine
die allein vom anschauen
schon zerfallen
brüllende wächter hohl
flüsse ohne furt
auch steile hänge
die in saugendes nichts führen

die ränder meiner existenz
verändern sich und damit
ich

aber was ist das
gegen sagen wir
einen normalen arbeitstag
oder den wirtschaftsteil
der badischen zeitung?

23.12.77

noch 14 minuten

ich warte
auf dich
schließe kurz die augen
und lächle ein
lächeln
als wärst du schon da.

4.1.78

vierter januar

mit hochgezognen schultern
versuchen die menschen
unter dem schneeregen
durchzulaufen
die mundwinkel bleiben im kragen
stecken

ich friere
innen und außen
stecke die hände in die ärmel
und taste
ob ich das bin
da drinnen.

8.1.78

der anfang

erst als das
davonrennen
schlimmer war als
das
wovor
ich davonrannte

konnte ich einmal
stehenbleiben

ich sah mich um:
da stand
ich
mir
gegenüber.

9.1.78 (für christa)

gespräch in der kälte

wir haben
zwei verschiedene sprachen
gesprochen
jetzt leiden wir
zwei verschiedene schmerzen
an den kalten fensterscheiben
hat sich unser atem
niedergeschlagen
und sie blind gemacht

traurig gehen wir
auseinander.

12.1.78

morgengrauen

im dunkeln noch
wache ich auf an den träumen
die ich beim aufwachen
schon vergessen habe
und betrachte die langsam
verschwindende dunkelheit

auch heute werde ich
wieder aufstehen
obwohl ich nicht weiß
wozu

guten morgen
grauen.

19.1.78

schwierigkeiten in der sitzung

das argument
hat mich überzeugt
das gegenargument
hat mich überzeugt
seine widerlegung
und deren widerlegung
haben mich überzeugt

offenbar
bin ich von der sache
so weit entfernt
daß ich noch nicht
partei ergriffen habe

was hat die sache
mit mir
zu tun?

20.1.78 (für mucke)

die kerze

als die kerze
angezündet war und brannte
leuchtete sie hell
die flamme schmolz das wachs
in ihrer nähe und
es entstand ein teich
in dem der docht
zu versinken begann
gerade noch rechtzeitig
schmolz auch ein stück vom rand
das wachs
floß heiß an der kerze herunter
und sie brannte weiter
ohne in sich
zu ertrinken.

25.1.78

sieh nur

das spiel der
hände an der harfe:

sie zupfen
kleine klare ton kügelchen
von den saiten
plätschernd fallen sie ins wasser
ganz viele

und die hände
tanzen dazu

(beim konzert von kristen nogues in der
volkshochschule whyler wald)

31.1.78

abschied von meinem arbeitsplatz

zuerst druckte der
radioaktivitätszähler aus:
verschwinde!
dann zeigten die zahlen
am spektroskop
nur noch null-linien an
der fraktionszähler
zählte mich aus
und im exsiccator trocknete
die frage
was willst du hier noch?
die schubladen
ließen sich nicht mehr öffnen
und im warmwasserbad
bildete sich eine eisscholle
später verschloß sich
die bibliothek
der aufzug blieb stehen
inzwischen paßt mein schlüssel
nicht mehr
es ist wirklich
höchste zeit.

3.2.78

daß das so schwierig ist:

dich wahrzunehmen
nicht als einen teil von mir
nicht als eine reaktion auf mich
nicht als eine reaktion auf
reaktionen von mir
sondern als
du

dich zu kennen
und trotzdem nicht
in einer schublade aufzubewahren
nicht schon im voraus
zu wissen was du denkst
und darauf sogleich zu reagieren

dich zu kennen
und trotzdem nicht
ständig zu versuchen
deine erwartungen zu erfüllen aus angst
sonst nicht geliebt zu werden
sondern
ICH zu sein

daß das so schwierig ist:
sich zu lieben
und sich trotzdem nicht
ineinander aufzulösen. . .

5.2.78

in meiner nähe

seit ich begonnen habe
mich selbst zu lieben
spüre ich meinen haß
gegen mich selbst

nun weine ich

um meine niederlagen
meine hoffnungen
meine unzulänglichkeiten
meine angst und die qualen
die ich mir selbst
zugefügt habe

um die liebe
die ich nicht bekommen habe

und ich weine
in einer einsamkeit
in der nur
ich
mich finden kann.

11.2.78

gründlich haben sie uns das beigebracht:

wenn du geliebt werden willst
dann mußt du dich anstrengen
(liebe bekommst du nur
wenn du ein stück von dir
säuberlich heraushältst und versteckst
und so bist wie du glaubst
daß der andere dich haben will)

wenn du dich nicht aufgibst
dann kannst du nicht geliebt werden
(denn so wie du bist
bist du ein monstrum
das nur an sich selber denkt)

und so geht das dann:
ich gebe ein stück von mir auf
und erwarte dafür liebe
(ich lasse mich lieben
weil ich mich selbst nicht
lieben kann)
und dann hasse ich den
für dessen liebe ich mich aufgegeben habe
weil diese liebe nicht
bei mir ankommen kann
(denn ich bin nicht liebenswert
weil ich etwas enthalte
das liebe zerstört)

die zeitbombe
tickt in mir
ich nehme sie mit
zu jedem
dem ich nahe komme.

(entschärfen
kann ich sie nur
wenn ich
mich selbst lieben kann)

11.2.78

eremitentag

den tag heute
habe ich für mich reserviert
nichts wartet auf mich und
niemand
ausser
mir
alle termine sind abgesagt
und ich freue mich
auf meinen besuch
bei mir
ganz behutsam
gehe ich um
mit mir.

12.2.78

was für ein widerspruch

I.
sie machen neue gesetze
um ihre herrschaft
auszuweiten

und ich
schreibe gedichte
über mich und meine gefühle

sie verschleißen uns
und werden dabei
reich

und ich denke nach
über das verhältnis
das ich zu meinem körper habe

sie wissen genau
was sie
wollen

und ich weiß nur
was ich
nicht will

sie sorgen für die
stille
im land

und ich
schweige
noch

II.
wenn ich ausgehe
von mir: meinen gefühlen
meinem körper meinen bedürfnissen

dann kann
nichts
bleiben wie es war

15.2.78

kein brief für dich

als ich dir schreiben wollte
sind die worte
in mir
eingefroren und zu
fremden formen erstarrt

wenn ich sie anfasse
zerbrechen sie und
verletzen mich:
bruchstücke mit blutspuren
kämen bei dir an.

16.2.78

winterliebesgedicht

weilessokaltist
ziehensichdiewörterzusammen
aufdempapier
undwir
rückenauchganznah
zusammen
dannkönnenwiruns
liebenundwärmen

winterdukannstunsmal.

10.3.78

verzweifelte situation

auf einer bank
sitzt ein mann mit einem mädchen
er beugt sich um sie herum
und küßt sie

mit steifem genick
bewegt sie sich nicht
wartend
bis es vorbei ist.

11.3.78

sie sind so SAUBER
ihre angst vor schmutz ist
GIGANTISCH
sie versuchen
den schmutz an der wurzel
zu beseitigen
(tief in sich fürchten sie diese wurzel)
nur der geruch des deodorants
das ist sauber
sie haben sich selbst
säuberlich fortgewaschen
ausgekämmt weggebürstet
die körperöffnungen riechen nach
pfefferminz
ihre bügelgefaltete leere
erwartet vom leben nur noch die
abendschau.

11.3.78

biographisches

als die
marionette
ihre fäden durchgeschnitten hatte
konnte sie sich
frei
bewegen
aber die kraft dazu
mußte sie
aus sich selbst
holen.

22.3.78

erinnerung

als mein vater
meine schwester verdrosch
saß ich daneben
und weinte
da wurde ich auch verprügelt
(„damit du weißt / warum du heulst!“)

dabei wußte sich so gut
warum ich weinte
und habe es nicht
vergessen.

24.3.78

einen kran sehen

einen kran sehen heißt
winkel sehen
streben und seile sauber gerade linien
genaue kurven durchhängender drähte
gewichte am fuß und am arm

einen kran sehen heißt
von unten nach oben sehen
der himmel ist in
winklige portionen aufgeteilt

einen kran sehen heißt
eine baustelle sehen
eine baugrube: die fundamente
für ein gewaltiges parkhaus
eisenstäbe ragen aus dem beton

einen kran sehen heißt
die sprossen zählen
die der kranführer jeden tag
rauf und runter klettern muß
der wird sichs zweimal überlegen
ob er mal pinkeln muß

einen kran sehen heißt
an den kranführer denken
der vielleicht an kranführer denkt
die mit ihrem kran umgefallen sind
die kräne sind so hoch

einen kran sehen heißt
an bauarbeiterstreiks denken
in was für einer wohnung mag
der kranführer wohnen?

einen kran sehen heißt
überlegen was man mit einem kran
alles machen könnte und daran denken
was heute mit kränen
alles gemacht wird

dann heißt einen kran sehen
eine wut bekommen

25.3.78

redensart im schwäbischen

bei ons
hend se mr als gsait
wenne iebermietig worre be
„birschle, wenns dr zwohl wird. . .!“
no hone gwißt
was gschlage hot un
s war mr nemme zwohl

die hend scho drfier gsorgt
daß do koim
zwohl
worre isch

koim
war do
zwohl, gwieß it.

23.4.78

grenzüberschreitung

ich kann diese
grauen alten damen mit
den kleinen hüten und dem
lächeln im gesicht mit dem sie
gemeinheiten sagen
nicht sehen ohne an
meine schwiegermutter zu denken
die mir noch an weihnachten
die fensterscheibe eingeworfen hat
- wie viele von ihnen
leben nur noch für
ihre rache und ihren haß
und was kümmerts mich
zwischen ihnen und mir
gibt es klare breite grenzen

wo
in mir
können sie ihre haken
einhängen
daß ich so oft
daran denken muß?

23.4.78

an die wand gestellt

an der wand
eines gartenhäuschens
lehnt eine große lindgrüne
schöpfkelle
mit der das gemüse gedüngt wird:

eine lange stange
steckt in einem rohr
festgeschweißt an einen alten
stahlhelm aus dem weltkrieg.

24.4.78

aller grund

im garten gehen
die blumen auf / die bäume
fangen erst an
zu blühen: rosa die
ziermandeln weiß die kirschen
die buche hält
ihre blätter bereit
vorgärten sind gelb
von narzissen
das laub ist zu häufen geschichtet
und kleine pflänzchen die darunter keimten
wachsen in der wärme
die schafskälte
wird noch kommen aber
eigentlich
besteht aller grund
zur hoffnung.

4.5.78

vorsichtig

wir liegen im gras
sandra singt
und wir saugen den frühling
in uns auf
die sonne scheint
uns die kleider vom leib

warum
sind wir nur
so vorsichtig
glücklich?

10.5.78

zweikeimblättriges

warm
wächst in mir
etwas
wie vertrauen

von unten her
wölbt es
den mantel aus
angst asphalt.

17.5.78

flugbild

es ist
als hätt ich
begonnen
zu fliegen:

dieses gefühl der
kraft und
entfaltung
und
die angst vor der
tiefe
in die ich
fallen könnte

als ob ich fürchte
unterwegs
das fliegen
zu verlernen.

21.5.78

einzuhämmern

wie kann ich erwarten
daß du
mich ernst nimmst
wenn ich mich selbst nicht ernst nehme?

wie ich erwarten kann
daß du
mir vertraust
wenn ich mir selbst nicht vertraue?

wie kann ich erwarten
daß du
mich liebst
wenn ich mich selbst nicht liebe?

17.6.78

das will ich:

dich
traurig sein
lassen
wenn du traurig

bist

für mich
sollst du nicht
lachen
müssen

du
mußt dir
meine liebe nicht

verdienen.

18.6.78

rundherum

voreinander
umeinander
aneinander
ineinander

haben wir angst
das karussell
dreht sich
angetrieben von uns

so lang
wir
wollen.

20.6.78

glück

sich zurücklegen
die augen schließen
den mund leicht spitzen
und darauf warten
geküßt zu werden

und dann
geküßt werden.

17.7.78

diese bewegung:

von der bank aufstehen
nach dem ersten schritt
sich umdrehen
und nachschauen ob
nichts liegengeblieben ist.

20.7.78

angelschein

der angler
nimmt sein zeug
lächelt weil er noch
nichts gefangen hat
und geht an
eine andere stelle

„viel glück“
lächle ich zurück
und erschrecke
ich fisch.

5.8.78

kinderlähmung

„wenn du nicht lieb bist
ist die mama traurig“

versuchen
lieb zu sein

aber immer wieder
ist die mama traurig

die mama ist traurig
und ich bin schuld

ich bin schuld
ich bin schuld

ach wenn es mich
doch nicht mehr gäbe.

21.9.78

beschreibung des tatortes

eine nische
für den radiergummi
und das lineal
und die büroklammern
und die bleistifte
ein fach für papier
zwei zusätzliche kugelschreiber
und leitzordner
so viel ich will

die rollos vorm fenster
gehen automatisch herunter
wenn die sonne scheint
ich habe damit
nichts zu tun
das telefon hat einen anschluß
an das ortsnetz
das ist ein fluchtweg

an den wänden
können gegenstände nur mit dübeln
befestigt werden oder mit
kleinen magneten
am waschbecken ist ein
spiegel angebracht
ich erblicke mein gesicht
beim arbeitnehmen

das wasser aus dem hahn
darf nicht mehr als
hundert keime pro kubikzentimeter enthalten
damit koche ich mir
einen durchhaltetee

2.10.78

bei beate u.

ich finde nicht
was ich
will
weil ich nicht
weiß
was ich
suche

8.10.78

kleine
süße äpfel in der sonne
essen und
an morgen denken
können ohne
angst

17.10.78

talking ‘bout my generation

sie fahren jetzt
den GOLF
familien sind gegründet
auf grundlagen in die
startlöcher gegraben wurden
tief wie gräber
die hinterköpfe voller
v e r a n t w o r t u n g
aber jeans sind noch
das stück freiheit
sie heißen jetzt papa
und ihre angst ist in
feste bahnen gegossen
dort fließt sie und ertränkt
männer frauen kinder
schwimmen müßte man können
aber so ein GOLF
geht unter wie ein
stein.

22.10.78

als ich versuchte
aus meiner vergangenheit
die schwarzen stellen
zu entfernen
spürte ich
daß ich dabei war
mir bei lebendigem leibe
die haut abzuziehen.

23.10.78

der erste abend in der männergruppe

ich sitze da so
weit weg von mir und
fremd mit hartem bauch
ich halte den mund
mit dem finger zu
höre was sie zu sagen haben
die etwas zu
sagen haben und dann
verknoten sich meine finger
um meine angezogenen knie

mein magen
bekommt das zu spüren und
schmerzt ich beginne
zu reden
nicht über meine angst nein
aus angst davor dumme fragen
zu stellen mit denen ich
allein dastehe und bloß
falle ich jemand ins wort
mit einem
dumpfen geräusch
das aus meinem mund kommt

fast erfriere ich
auf diesem langen weg
von einem mann
bis zum nächsten

einer von ihnen
bin ich.

26.10.78

transaktion

mein vater
wußte nicht was
er mir zum geburtstag
schenken sollte
so überwies er
(obwohl ich ihn
freigesprochen hatte)
auf mein konto
hundert mark

nun muß ich
ihm auch was schenken
am besten
einen betrag in gleicher höhe
und die glückwünsche
können wir dann
auf den überweisungsformularen
vermerken

vielleicht ein
gegenseitiger dauerauftrag
dann machen die banken das
unter sich

aus.

4.11.78

warte nur
bis der vater
heimkommt

sagte meine mutter
nach besonders schlimmen
schandtaten

das warten
war ein teil
der strafe

und mein vater
fragte sich nie warum
ich mich nicht

freute
wenn er
kam.

5.11.78

alter duft

der geruch
des wassers am seeufer
im schilf
beim baden
und nacktheit
der geruch
des feuers und der geschmack
der darin gerösteten äpfel

und immer wieder
der geruch
der grundschule

5.11.78

aber die eichhörnchen

braune blätter
liegen auf dem boden
die farben sind
verschwunden und die bäume
grafiken schwarz
gegen den himmel
kahl und streng
der herbst ist
gestorben
aber die eichhörnchen
rascheln respektlos
im laub und
sind nicht
zu fassen

11.11.78

fertigkeit

sie sind
unfertig
sagte er zu mir
ich sah ihn an
und mußte
ihm recht geben:

fertig
wie er war.

14.11.78

atemlos:

fast
hätte der baum
den ich zeichnen will
keine wurzel
bekommen

26.11.78

tröstlich
die wärme meines
kohleofens

gelegentlich
verlasse ich das zimmer
um in diese wärme

zurückzukehren

25.12.78

die maschine läuft ruhig und regelmäßig

aber ich horche
nur auf die
unregelmäßigen geräusche
ich bin wachsam
ständig gefaßt
auf den defekt
- ihr ruhiger rhythmus
kann mich nicht täuschen
ich traue ihr nicht
sie kann sich noch so sehr
bemühen: ich werde sie
ertappen
bevor sie mich
überraschen könnte.

26.12.78

zweiter weihnachtsfeiertag gleis 14

menschen
von denen ich
lang schon vergessen habe
daß es sie
überhaupt noch gibt
nicht die gastarbeiter die penner oder
die kaputten nein die
wohlanständigen die das ganze jahr
hinter schutzgittern verbringen in
häusern die in parks liegen
und die nun in wohlgeordneter kleidung
mit befehlsgewöhntem ton
sich anschicken im pelz
kind und schwiegerkind
zu überfallen

achtungsvoll blicken die bahnpolizisten
wissend um besonders
schutzwürdiges.

28.12.78

kein trost

als ich weinte
in deinen armen
hast du nicht versucht
meine tränen
zu stillen
du hast mich festgehalten
damit ich
weiter weinen konnte

als allein

so
hast du mir
geholfen.

29.12.78

zugfahrt

von
bahnhofsuhr zu
bahnhofsuhr

alle gleich
bis
auf die
zeit.

7.1.79

trilogie mit nachsatz

I. teil: die verhandlung

es handelt sich
um den angeklagten
handelsübliche bezeichnung: sohn
plädoyer des staatsanwaltes
anklage wegen
nichterfüllung der in ihn gesetzten
erwartungen
verlassens von frau und kindern
erzeugens von unermeßlichem leid bei
eltern frau und kindern sowie verwandten
schändung des guten namens
aufrührerischen verhaltens
undankbarkeit

alles in allem: forderung der todesstrafe
wegen unreife

plädoyer des verteidigers
strafmilderung wegen
er hat doch sein bestes versucht
er konnte nicht anders
gewisse erbliche belastungen sind nicht
auszuschließen (zusammenzucken
von oberrichter und oberrichterin)
eigentlich hat er immer versucht
brav zu sein
zahlreiche unterwerfungen sollten
mitberücksichtigt werden
es wäre gerechtfertigt ihn wenigstens
am leben zu lassen
(augenzwinkernd: das ist doch strafe genug)

der angeklagte
hat das wort

was ich zu
sagen habe
spricht
gegen mich
sogar
mein schweigen (warum schweige ich dann weiter?)

II. teil das urteil

im namen
der enttäuschten betrogenen verärgerten
gereizten familienöffentlichkeit
ergeht einstimmig
folgendes urteil

tod durch
selbständiges herunterspringen
von einer hohen
brücke
ersatzweise ist auch
ein turm gestattet

die bestattung
übernimmt die obengenannte
öffentlichkeit
von kränzen bitten wir
abzusehen spenden
für das mütterhilfswerk oder
die stahlbeton ag erbeten

begründung:
erregung von ärgernis
verweigerung von unterwerfungen
anzweifeln der gerechten ordnung
untergraben derselben
(schon der versuch ist strafbar)
u n d a n k b a r k e i t
widerworte aller art sogar schriftlich
verschärfte tatbestände von
k r i t i k
republikflucht

erschwerend tritt hinzu: der angeklagte
hat sich nicht genügend zusammengenommen!

(die im angeklagten installierten einrichtungen zur erhaltung der gerechten ordnung werden beauftragt für die vollstrekkung des urteils sorge zu tragen wir setzen unser vollstes vertrauen in diese von uns eingesetzten und autorisierten stellen)

III. teil: die vollstreckung

bericht des
vertrauensarztes:
der verurteilte ist an einem
sonntag von einer hohen brücke gesprungen
die im verurteilten installierten
einrichtungen zur erhaltung der gerechten ordnung
hatten sich zu einer großen grauenvollen
schwärze vereinigt und ihre gesamte triebkraft
auf das überwinden des
brückengeländers konzentriert

der verurteilte verstarb
an der stelle des aufpralls an
hirnquetschungen und bruch des genicks
die inneren blutungen und der
leberriß kamen als todesursachen
nicht mehr zur geltung
der tod muß
schnell eingetreten sein und die
brücke war hoch genug um
letzte gedanken zu ermöglichen
die strafverschärfend gedacht waren

mit zufriedenheit
blickt das hohe gericht
und das niedrige
in das grab in welches
ein sarg mit blutigem matsch
gesenkt wird zur erhaltung
der gerechten ordnung
worauf die ansprache
kurz bezug nimmt
(an einem tag hell und sonnig)
um dann auf die notwendigkeit
der erhaltung der gerechten ordnung
hinzuweisen die an diesem beispiel
aufs traurigste
gezeigt werden mußte.

nachsatz:

mit schweren
inneren verletzungen
beginnt die blutige masse im sarg
sich zu formieren
die ersten bewegungen des sargdeckels
schütteln den blumenschmuck fort
setzen das urteil außer kraft
schlagen die gesamte trauergesellschaft
in die flucht
entsetzt wird der unerhörte
rechtsbruch von mund zu mund
von rüssel zu rüssel
weitergetragen mit saugenden
glucksenden schluckaufs
der vertrauensarzt
wird noch im fortrennen
vom hohen gericht seines amtes entbunden
und kommt zu fall

freunde die auf der andern seite
des grabes hinter der hecke
getrauert haben sind wenig überrascht
heben den deckel vollends
fügen zusammen was zerbrochen ist
es ist überraschend wenig
für solch tiefen sturz

der aus dem sarg
richtet sich auf
wischt sich das blut von
den augen und sieht
das ganze hohe gericht
und das niedrige
die onkel und tanten geschworenen
samt zeremonienmeistern
zu grabsteinen verarbeitet
wacht haltend an den
eigenen gräbern damit sich

der vorfall nicht
wiederhole.

„Diese schlimmen Tage"

annäherung:

ich mache schritte auf mich zu. das fing damit an, daß ich gespürt habe, wie weit ich von mir entfernt war: wie wenig ich von meinen eigenen wünschen, meiner empfindlichkeit und dem wußte was ich wollte - ich wußte immer nur, was *andere* wollten.

ich fing an, tagebuch zu schreiben, um festzuhalten, was ich mich nicht auszusprechen getraute. dabei sind die texte in diesem buch entstanden. ich habe sie zuerst für mich geschrieben, um mir klarer zu werden, wer ich bin - und auch so
aus einer seltsamen besorgnis, solche klarheiten könnten mir verloren gehen, wenn ich sie nicht festhalte. ich habe die texte nur nach der chronologischen reihenfolge ihrer entstehung geordnet, eben, weil sie im verlauf einer entwicklung geschrieben worden sind. es sind aber nicht so sehr die einzelnen ereignisse in ihnen festgehalten, als vielmehr, wie es mir dabei ergangen ist.

ihren ausgangspunkt nahm diese entwicklung in einer ganz „normalen ehe" - zwei kinder, progressiver anstrich und klassische rollenverteilung. darunter ein meer von angst, rivalitäten und erstickten wünschen. auslöser, diese situation zu verändern war dann die begegnung mit einer anderen frau. plötzlich spürte ich, was ich mir alles vorgemacht hatte - und was in mir alles möglich ist. die ehe zerfiel und ratenweise folgte die trennung von den kindern: ein langer, schmerzvoller prozess, durchtränkt von schuldgefühlen. ich zog mit einem freund zusammen, der in einer ähnlichen lage war. wir lebten wie gestrandete, die eine große insel gefunden hatten. wir ließen uns viel raum. allmählich kam ich auch an den punkt, an dem ich versuchte, mich *selber* wahrzunehmen - nicht immer über eine andere frau.

mit aller angst, in alte bahnen zurückzufallen, ließen meine freundin und ich uns wieder aufeinander ein. ich wollte „in die angst hineingehen und sehen, was geschieht“ (pilgrim), anstatt immer weiter davonzurennen. im frühjahr 78 zog sie in die gleiche stadt, ein dreiviertel jahr später zogen wir zusammen nach stuttgart.

in dieser ganzen zeit habe ich wenigstens gelernt, daß niemand anders als *ich selber* mir helfen kann, zustände zu verändern, unter denen ich leide. deshalb beginnt meine politische arbeit bei mir selber. ich möchte nicht, daß sie da auch schon wieder zu ende ist. aber ich will auch nicht mehr meinen persönlichen problemen ausweichen, indem ich von versammlung zu versammlung, von aktion zu aktion renne und *andere* leute dazu auffordere, ihr schicksal in die eigenen hände zu nehmen. ich habe es zwar versucht, aber mir ist dabei die luft ausgegangen.

inzwischen kann ich mit meiner ehemaligen frau wieder reden, es gibt mehr achtung als in der ganzen ehe. ich muß auch meine eltern nicht mehr so hassen. insgesamt hat wohl meine rolle als mann am meisten gelitten - auch, indem mir klar (klargemacht) wurde, welche rolle frauen in meiner entwicklung manchmal zu spielen hatten. die unsicherheit, die sich ausbreitete, als ich versuchte, näher an mich heranzukommen, hat mich zeitweilig fast arbeitsunfähig gemacht. ich kam mir mit meinen schwierigkeiten oft sehr allein vor: alle anderen scheinen zu funktionieren, bloß ich nicht. da hat mir das schreiben oft geholfen, mich immer wieder auf diese unsicherheit einzulassen. aber ich habe oft genug nach büchern gesucht, in denen ich mich wiederfinden konnte. ich habe kaum welche gefunden, aber ich bin sicher, daß in vielen schubladen noch berichte von solchen kämpfen herumliegen.

es wäre schön, wenn dieses buch anderen mut machen würde, aufzuschreiben, was mit ihnen los ist. und schön wäre es auch, wenn sich noch mehr dieser schubladen öffnen würden.

Hans-Curt.

ICH BIN
AN MAUERN
ENTLANGGEWACHSEN

DIE STEINE
HAB ICH
ZERTRÜMMERT

ABER
ICH TRAGE
NOCH LANG

IHR MUSTER

AUS:
"EIN ZETTEL, DEN ICH
AN MEINE TÜR HEFTE"

GEDICHTE VON
HANS-CURT FLEMMING
1979-1981

ca. 140 S., 8.-

Literatur ist Post, Nachricht von einem Menschen an andere...

Die LITERATURPOST e.V. ist eine Initiative von Schreibenden und Lesenden. Sie versteht sich als Alternative zum etablierten Literaturbetrieb mit seinen Konkurrenzen und Differenzen.
Wir nennen uns auch die Alltagsschreiber-/innen. Wir tauschen uns über Schreib- und Leseerfahrungen aus, arbeiten inhaltlich und formal an uns und unseren Texten und suchen besonders auch neue Wege der Literaturvermittlung (Textschaukästen, Dichterdemo, Literaturfaßsäulen . . . jeder Text hat seinen Ort!). U.a. gibt es Texte in Briefumschlägen.

Adressen:

LITERATURPOSTAMT HAMBURG Lindenallee 40, 2 HH 19, Tel. 43 59 26
LITERATURPOST GÖPPINGEN c/o Helmut Gross, Sommerhalde 21, Tel. 07161/218 98
LITERATURPOST KREFELD c/o Ulli Löchner, Weiden 110, Tel. 02151/54 66 82
LITERATURPOST BREMEN Eremitenkollektiv, Osterfeuerbergstr. 38

LIERATURPOSTVERLAG Hamburg, LIndenallee 40, 2 HH 19, Tel. 43 59 26

"Jammerlürik" Gedichte von Birgit Rabisch 8.-DM
"Mein Gang unter die Leute" Gedichte von Thomas Dawson 8.-DM
"Der verlorene Sohn" Prosa von Frank Dohl 12.-DM
"Losgelebt" Gedichte von Frederike Frei 9.-DM
"Wie geht's dir?" Gedichte von Frederike Frei 5.-DM
"Aus Wut Deutsch gelernt" Gedichte von Aydin Dogruyol 8.-DM